TOUT SAVOIR SUR

LE VOLPINO

II

TOUT SAVOIR SUR LE VOLPINO

Mon Ami Le Chien

Saphira Eiger

Sommaire

VI

FICHE D'IDENTITÉ

NOM OFFICIEL :   Volpino Italiano

AUTRES NOMS :   Volpino Italien, Spitz Italien

PAYS D'ORIGINE :   Italie

CLASSIFICATION :

Groupe :   5 — Chiens de type Spitz et de type primitif

Section :   4 — Spitz européens

CARACTÉRISTIQUES :

Taille de la femelle :   25 à 28 cm

Poids de la femelle :   4 à 5,5 kg

Taille du mâle :   27 à 30 cm

Poids du mâle :   4.5 à 6 kg

Longévité : Une quinzaine d'années

FCI: 1956

AKC : NON

KC : NON

UKC : 2006

La Fédération Cynologique Internationale (**FCI**) est une organisation internationale basée en Belgique, comptant comme membres les institutions nationales de 98 pays. C'est, de loin, l'association canine la plus importante au niveau mondial.

L'American Kennel Club (**AKC**) est la principale association canine des États-Unis, et le seul registre gratuit du pays. Non affiliée à la FCI, elle a cependant une portée internationale.

The Kennel Club (**KC**) est l'association canine officielle du Royaume-Uni et c'est aussi la plus ancienne (elle fut créée en 1873). Peu influente sur le plan international, son histoire et son prestige font qu'elle est cependant très respectée.

L'United Kennel Club (**UKC**) est un registre canin basé aux États-Unis important en Amérique du Nord, mais peu suivi dans le reste du monde.

SES ORIGINES

Également connu sous le nom de Spitz Italien, le Volpino est un lointain descendant des chiens nordiques qui aidaient les Hommes à chasser et se déplacer il y a plusieurs milliers d'années. Comme son cousin le Spitz Allemand, auquel il est apparenté, mais dont il ne descend pas directement, il a migré vers le sud et s'est adapté tout en conservant ses caractéristiques originelles.

Les fervents défenseurs du Volpino Italiano affirment qu'il était déjà présent en Italie et dans d'autres pays du bassin méditerranéen il y a plus de 2500 ans. Des poteries, gravures et sculptures de l'époque représentent en effet un chien qui pourrait bien être son ancêtre.

Les premières références modernes datent en tout cas des 15ème et 16ème siècles, lorsqu'il apparut sur des tableaux de grands maîtres italiens comme Andrea del Verrocchio (1435-1488), Vittore Carpaccio (1465-1520) et Michelangelo (1475-1564).

À cette époque, il était courant en Italie, et notamment dans la région de Florence, ce qui lui valut d'être nommé Volpino di Firenze, ou « petit renard de Florence ». Il pouvait alors être aussi bien blanc que roux uni.

Il fut ainsi extrêmement populaire pendant plusieurs siècles, tant dans les campagnes (où il assumait le rôle de chien d'alerte et de compagnon pour les enfants) que dans les grands palaces, où il vivait dans le luxe aux côtés de l'aristocratie. Plusieurs peintures d'Andréa

Landini (1847-1935) représentant un cardinal en pleine discussion avec un Volpino autour d'une tasse de thé montrent qu'il était aussi un compagnon de choix pour les hauts membres du clergé.

Le standard de la race fut définitivement accepté en Italie en 1913, et le Spitz Italien continua à être très populaire pendant toute la première moitié du 20ème siècle. En 1956, alors qu'il avait commencé à décliner dans son pays d'origine, il fut reconnu par la Fédération Cynologique Internationale (FCI). Cela n'empêcha pas le désamour pour la race de se poursuivre dans les années 60 au point qu'elle disparut pratiquement, à part quelques spécimens dans les campagnes.

En 1968, quelques individus de couleur blanche furent identifiés, démontrant ainsi que la race n'avait pas complètement disparu. En 1972, des Volpinos furent à nouveau inscrits au registre de l'ENCI. Dans les années 80, le docteur Enrico Franceschetti et le juge FCI Antonio Crepaldi firent un gros travail pour la promotion de cette race de chien italienne oubliée, et furent à l'origine de son retour en grâce auprès du public. Depuis, la race s'est diffusée dans d'autres pays d'Europe, notamment dans les pays scandinaves. Le phénomène reste toutefois assez limité, d'autant qu'il n'est tout simplement pas reconnu dans certains pays clefs ; c'est le cas par exemple en Grande-Bretagne.

La situation en Amérique du Nord est plus compliquée. Il est très probable que des immigrés italiens du 19ème siècle aient amené avec eux des Volpinos et que la race soit donc présente aux

États-Unis depuis longtemps. Cependant, sa similitude avec l'Esquimau Américain fait qu'il a du mal à être admis comme race distincte. Il fallut ainsi attendre 2006 pour que l'United Kennel Club (UKC) lui accorde sa reconnaissance, mais la même année il était refusé par l'American Kennel Club (AKC), l'autre organisme de référence du pays. Il n'est pas reconnu non plus par le Club Canin Canadien (CCC).

SON APPARENCE

Le Volpino Italiano a les oreilles dressées, la tête lupoïde lui donnant l'aspect d'un renard et la queue enroulée des spitz nordiques, mais est bien plus petit.

Aussi long que haut, son corps musclé s'inscrit dans un carré. Les pattes, assez longues, se terminent par des pieds ovales aux coussinets noirs. La queue, très touffue, est attachée haut et portée recourbée sur le dos, proche du cou.

Sa tête est en forme de pyramide allongée, avec un crâne plus long que le museau et un stop bien marqué. Les oreilles sont triangulaires, bien dressées sur le haut du crâne et orientées vers l'avant. Les yeux sont arrondis, de couleur marron foncé, et expriment à la fois vigilance et vivacité. La truffe est large et noire.

Le pelage du Volpino est double. Le sous-poil est doux et dense en hiver, mais bien moins abondant en été. Quant au poil de couverture, il est épais, dur et long. Il est particulièrement allongé au niveau du cou, formant une espèce de collier, et de l'arrière-train, formant une culotte. En outre, étant porté dressé en toute circonstance, il donne au chien un aspect volumineux.

Le blanc unicolore est de loin la couleur de robe la plus répandue de nos jours. Le rouge unicolore, autrefois aussi courant que le blanc, est plus rare et très recherché. La couleur champagne est quant à elle admise par le standard de la race, mais pas spécialement appréciée.

Enfin, le dimorphisme sexuel est modérément marqué chez cette race : le mâle est certes plus grand d'environ 2-3 cm en moyenne, mais il n'est pas particulièrement plus massif que la femelle.

VARIÉTÉS

En 2006, malgré des demandes en ce sens, l'American Kennel Club (AKC) refusa d'inclure le Volpino Italiano dans son Foundation Stock Service, qui sert d'antichambre avant une reconnaissance pleine et entière. La raison évoquée fut que la différence avec l'Esquimau Américain n'était pas suffisamment claire.

Ceci ne fit qu'alimenter la ferveur des défenseurs du Volpino Italiano, pour qui l'Esquimau Américain est en réalité un Volpino, et non un descendant du Spitz Allemand. Cette discussion risque de durer longtemps…

En tout cas, pour l'heure, si l'Esquimau Américain est reconnu par les associations nord-américaines comme l'AKC et le Club Canin

Canadien (CCC), mais pas par la Fédération Cynologique Internationale, qui fédère les associations nationales d'une centaine de pays. Pour le Volpino Italiano, c'est l'inverse : il est reconnu par la FCI, mais pas par l'AKC et le CCC.

Loin de cette polémique, les représentants des deux races continuent à vivre leur vie de chien de compagnie et font chaque jour le bonheur de leurs maîtres, sans se soucier de leur appellation officielle.

SON CARACTÈRE

Le Volpino Italiano est un petit chien vif et attachant, qui aime s'amuser avec les siens avant de se reposer à leurs côtés. Il est proche de sa famille et s'entend très bien avec les enfants, qui font pour lui de parfaits partenaires de jeu. Sa petite taille fait qu'il ne risque pas de les brusquer ou les renverser par inadvertance, mais comme pour toute race et afin d'éviter les drames, un adulte doit toujours être présent et surveiller lorsqu'il est en compagnie d'un tout-petit.

Il se montre en revanche plutôt suspicieux envers les humains qu'il ne connaît pas, et ne manque pas d'aboyer à l'approche de quelqu'un. Mais dès lors qu'il constate que la personne est accueillie positivement par ses maîtres et invitée à entrer, il est possible que sa méfiance initiale se transforme en curiosité, et le nouveau venu peut alors gagner sa confiance à l'aide de quelques friandises. C'est d'ailleurs un bon chien d'alerte, mais facilement corruptible.

Ses relations avec les autres animaux sont généralement plutôt bonnes, mais il a besoin de temps pour faire connaissance. Le chat de la maison peut vite devenir son meilleur ami, pour peu qu'il aime avoir un compagnon surexcité ayant toujours envie de jouer. L'hyperactivité du Volpino peut d'ailleurs être source de problèmes avec certains de ses congénères de grande taille préférant le calme, et peut être mal interprétée par de petits rongeurs qui le voient courir vers eux en aboyant. Au final, la cohabitation avec d'autres animaux, oiseaux ou reptiles inclus, se passe plutôt bien, et il n'a pas d'instinct de chasse qui le pousserait à poursuivre les chats qu'il croise lors de ses promenades.

Véritable petite boule d'énergie, le Volpino a besoin d'une bonne dose d'exercice chaque jour. Il lui faut au moins 45 minutes d'activités (promenades, séances de jeux…) pour être bien dans ses pattes, et il est ravi si cela dure davantage. Il ne se lasse pas d'aller chercher la balle lancée par son maître, mais le fait qu'il soit assez intelligent lui permet aussi d'apprendre des choses un peu plus sophistiquées, qu'il s'agisse de tours ou de sports canins comme le flyball, l'obéissance ou l'agility — d'ailleurs, il en raffole.

Pour autant, dès lors qu'il est sorti suffisamment, le Spitz Italien peut très bien vivre en appartement. C'est encore plus vrai s'il a alors accès à un balcon ou une terrasse d'où il peut observer la vie se dérouler sous ses yeux tout en profitant du soleil, même s'il est bien sûr encore plus heureux de disposer d'un accès à un jardin où il peut courir librement quand l'envie lui prend. Ce dernier doit être clos pour qu'il n'ait pas de mal à assimiler les limites de son territoire, même s'il n'est pas du genre à chercher à tout prix à s'échapper. Il ne faudrait toutefois pas envisager de lui faire passer le plus clair de son temps dans ledit jardin : même s'il est parfaitement équipé pour vivre en extérieur, sa place est avant tout auprès des siens, à l'intérieur du foyer.

Enfin, le Volpino est une race de chien qui aboie beaucoup, n'hésitant pas à donner son opinion sur tout. Cela peut être source de tensions avec les voisins, et constitue un problème à affronter dans le cadre de son éducation.

SA SANTÉ

Le Volpino est une race de chien robuste, présentant peu de problèmes de santé et jouissant d'une espérance de vie appréciable : de nombreux spécimens dépassent les 15 ans.

Son poil dense le protège efficacement du froid et des intempéries, si bien qu'il peut sans difficulté affronter les hivers rudes, tout comme ses lointains ancêtres venus du nord. En même temps, vivant en Italie depuis des siècles, il s'est parfaitement adapté au climat méditerranéen, et son pelage double sert aussi à le protéger de la chaleur. Ainsi, dès lors qu'il a la possibilité de s'abriter du vent et du soleil, il se plaît sous tous les climats.

Malgré sa santé de fer, il est néanmoins prédisposé à certaines maladies :

- la luxation patellaire, un problème fréquent chez les plus petites races de chiens, qui apparaît lorsque la rotule sort de son emplacement et bloque l'articulation. Cela cause des boitements, mais une intervention chirurgicale est possible dans les cas les plus handicapants ;

- la luxation du cristallin, lorsque ce dernier n'est plus tenu en place correctement à l'intérieur de l'œil. Cette affection est douloureuse et peut entraîner des complications graves, au point de rendre le chien aveugle. Elle peut être opérée et le rétablissement être complet, sous réserve de ne pas attendre qu'elle crée des lésions irréversibles ;

- la cataracte, lorsqu'un film opaque se forme sur la rétine et entraîne une perte de vision pouvant aller jusqu'à la cécité du chien. Elle peut toutefois être traitée chirurgicalement.

Le meilleur moyen de s'assurer d'adopter un chiot en bonne santé et présentant des risques minimes de maladie est de se tourner vers un éleveur de Volpino sérieux. Il doit être en mesure de fournir un certificat vétérinaire attestant que l'animal ne présente pas de problème particulier, un carnet de santé/vaccination à jour, ainsi que les résultats des tests génétiques pratiqués sur les parents ou le petit en vue d'écarter toute maladie héréditaire.

Pour que l'animal reste en bonne santé et ne développe pas de problèmes au niveau des os ou des articulations, il est nécessaire de ne pas trop le solliciter pendant toute sa période de croissance. En cas d'activités physiques trop intenses ou prolongées alors que son squelette n'est pas encore parfaitement formé, des lésions peuvent apparaitre, qui risquent de dégénérer et devenir irréversibles.

Par ailleurs, quel que soit son âge et même s'il est — ou du moins semble — en parfaite santé, une visite chez le vétérinaire est de mise au moins une fois par an pour un bilan de santé du chien. Cela permet de détecter un éventuel problème avant qu'il ne s'aggrave, et d'effectuer les rappels de vaccins par la même occasion.

Les traitements antiparasites doivent quant à eux être renouvelés beaucoup plus fréquemment (tous les 1 à 3 mois, en général : il est de la responsabilité du maître d'y veiller, afin que son animal ne cesse jamais d'être protégé.

SA POPULARITÉ DANS LE MONDE

Par rapport à il y a un demi-siècle, le Volpino Italiano a retrouvé des couleurs dans son pays d'origine, puisque l'Ente Nazionale della Cinofilia Italiana (ENCI) enregistre entre 150 et 200 naissances chaque année.

En France, il n'a jamais vraiment su conquérir le public et souffre de la popularité du Spitz Allemand, à l'apparence similaire. Les inscriptions auprès du Livre des Origines Français (LOF) dépassent rarement la dizaine par an depuis les années 80, et il arrive fréquemment qu'aucune naissance ne soit enregistrée au cours d'une année.

En Amérique du Nord, la race est présente, mais il est difficile d'estimer avec exactitude sa population, du fait qu'il y est assimilé à l'Esquimau Américain. Il est hasardeux en effet d'estimer le nombre de Volpinos enregistrés comme Esquimau Américain auprès de l'AKC.

SES DIFFÉRENTS USAGES

Par le passé, le Volpino Italiano était souvent utilisé comme chien d'alerte dans les fermes, ou par les charretiers toscans. Ces derniers lui confiaient la mission de partir en éclaireur pour vérifier que la route était libre, et de signaler la présence de visiteurs par des aboiements.

Mais c'est surtout en tant que petit compagnon domestique des riches et puissants qu'il a acquis ses lettres de noblesse. Devenu un favori de l'aristocratie italienne, et en particulier florentine, il vécut pendant plusieurs siècles dans les palaces et fut représenté sur de nombreuses peintures en compagnie de ses maîtres.

Aujourd'hui encore, c'est un compagnon agréable, plein de vie et d'énergie, qui plait aussi bien aux plus jeunes qu'aux retraités actifs.

En outre, il n'a pas perdu sa voix et continue à aboyer pour signaler l'approche d'inconnus ; il demeure donc un chien d'alerte apprécié.

ÉDUQUER SON VOLPINO

Un travail de socialisation doit être entamé dès son plus jeune âge pour aider le Volpino Italien à surpasser sa méfiance naturelle envers les étrangers et en faire un chien calme et équilibré. Il est important qu'il se familiarise avec les personnes qu'il peut être amené à rencontrer dans la vie (amis, famille, vétérinaire) ainsi qu'avec les animaux du voisinage, mais aussi qu'il ait la possibilité de rencontrer de parfaits inconnus. Le confronter à tous types de situations et de stimuli (bruits, odeurs…) aide aussi à en faire un adulte serein en toutes circonstances, ce qui peut d'ailleurs éviter nombre d'aboiements intempestifs.

Il faut dire en effet que sa propension à aboyer à tout bout de champ peut être problématique, et mieux vaut également aborder le problème au plus tôt. Il faut donc lui faire intégrer progressivement quelles situations n'ont pas besoin d'être commentées (quand le voisin allume la télé ou traverse son jardin, par exemple), tout en lui permettant de s'exprimer sur les sujets importants (lorsqu'il y a quelqu'un à la porte, par exemple). De même, il est fortement recommandé de lui enseigner à se taire sur commande.

Ce chien intelligent et incroyablement motivé par les friandises est un plaisir à éduquer, même pour un maître novice. Il ne faut cependant pas croire que l'éducation du Volpino Italiano est facile, car il a tendance à être têtu sur certains points. Il est donc parfois nécessaire de s'armer de patience et de rappeler à son chien qui est le maître à la maison, avant de l'acheter à l'aide d'une friandise.

En tout cas, compte tenu de sa gourmandise et de son appétence pour les gourmandises, il va de soi que les techniques d'éducation canine basées sur le renforcement positif donnent avec lui de bien meilleurs résultats que les méthodes traditionnelles.

Enfin, bien qu'il ne soit pas particulièrement enfin à développer le « syndrome du petit chien », sa famille ne doit jamais oublier que le Spitz Italien est un chien, et non un prince qu'il convient de choyer et à qui il convient d'épargner tout effort. Le prendre dans les bras à la moindre occasion, le laisser libre de faire tout ce qu'il veut plutôt que de fixer des règles, lui passer tous ses caprices et le laisser décider par lui-même n'est pas lui rendre service. Au contraire, il devient à la fois dominant et stressé, essayant de prendre le contrôle sans en avoir la capacité, tant la société des humains diffère de celle des chiens. Cette situation dans laquelle tout le monde est perdant peut se traduire notamment par des aboiements incessants, une agressivité grandissante et des comportements destructeurs.

NOURRIR SON VOLPINO

Le Volpino n'est pas difficile à l'heure du repas et est ravi d'être nourri avec les aliments industriels pour chiens que l'on trouve dans le commerce. Il convient simplement de choisir des produits et de fixer des rations permettant de lui apporter tous les nutriments dont il a besoin, et qui soient adaptés à sa taille, son âge et son niveau d'activité.

Compte tenu de sa petite taille, il pourrait être tentant de le nourrir à l'aide de croquettes pour chats. Toutefois, c'est une fausse bonne idée : elles ne guère adaptées à la gent canine, et risqueraient fort de causer des problèmes de santé, à commencer par des carences et/ou de l'obésité.

Même en lui donnant des aliments nettement plus adaptés, cette dernière a d'ailleurs tôt fait d'apparaître chez ce chien de petite taille, en particulier si son maître a la main lourde sur les friandises. Même si elles peuvent s'avérer très utiles et efficaces dans le cadre de son éducation, il est donc recommandé d'utiliser ces récompenses avec précaution, et de retrancher leur apport calorique de sa ration quotidienne. Cette dernière gagne d'ailleurs à être distribuée en au moins deux repas.

Veiller à son alimentation et à ce qu'il se dépense suffisamment n'est toutefois pas suffisant. Il convient également de le faire grimper sur la balance environ deux fois par mois, pour détecter au plus vite d'éventuelles variations de poids. Toute augmentation qui se confirme voire s'accentue sur plusieurs mesures d'affilée doit être considérée comme un signal qui mérite une visite chez le vétérinaire pour en déterminer les causes (maladie, réaction à un traitement, aliments inadaptés, quantités trop importantes…), et identifier une solution. Il convient d'ailleurs de bien garder en tête qu'une variation qui paraît presque insignifiante à l'échelle d'un humain (une prise de poids de 500 grammes, par exemple) représente beaucoup plus pour un Spitz Italien, et peut rapidement entraîner des conséquences importantes sur sa santé.

Enfin, comme tous les chiens, le Volpino doit avoir en permanence accès à de l'eau fraîche disponible à volonté.

PRENDRE SOIN DE SON VOLPINO

L'entretien du Volpino est assez compliqué et demande temps et connaissances.

En premier lieu, un brossage hebdomadaire de son poil permet d'éviter que des nœuds ne se forment et est suffisant pour préserver son beau pelage. Mais il perd ses poils tout au long de l'année et les personnes à cheval sur la propreté préfèrent le faire plus régulièrement pour éviter de retrouver des poils un peu partout sur les vêtements. En tout état de cause, pendant ses mues automnales et printanières, la perte de poils est si importante qu'il devient nécessaire de le brosser quotidiennement, voire plusieurs fois par jour.

Il n'est pas utile en revanche de tondre son Spitz Italien, mais de nombreux propriétaires décident de lui couper les longs poils de l'arrière-train et du dessous de la queue, pour des raisons de propreté et d'hygiène.

Quant à la fréquence du bain, elle relève avant tout d'un choix personnel. La plupart des maîtres choisissent de s'en occuper tous les mois, mais il est possible de le faire encore plus souvent pour ceux qui souhaitent avoir toujours un chien parfaitement propre à côté d'eux sur le canapé. Dans tous les cas, il est absolument nécessaire d'utiliser un shampooing doux spécifiquement conçu pour la gent canine, au risque d'abîmer sa peau : le pH de celle des chiens n'est pas le même que celui de celle des humains.

Ses oreilles doivent quant à elles être nettoyées chaque semaine à l'aide d'un chiffon propre, pour éviter l'accumulation de saletés qui pourraient causer une infection.

Par ailleurs, le Volpino a tendance à « pleurer », et le coin de ses yeux a vite fait de présenter des traces noires. Celles-ci doivent être frottées doucement avec un bout de tissu humide deux ou trois fois par semaine, voire plus fréquemment au besoin.

Un brossage hebdomadaire de ses dents permet de diminuer grandement les problèmes bucco-dentaires, qui peuvent avoir des conséquences d'une gravité souvent insoupçonnée. Il doit être fait avec une brosse et un dentifrice pour chiens. L'idéal est même d'opter pour une fréquence accrue, voire quotidienne.

Ses griffes nécessitent elles aussi un certain travail d'entretien, car l'usure naturelle est rarement suffisante pour les limer naturellement. Il faut en général les couper environ une fois par mois. Dès qu'elles commencent à cliqueter sur le sol, c'est le signal qu'il est nécessaire de s'en occuper. À défaut, elles pourraient non seulement le gêner, mais aussi se casser et potentiellement le blesser.

Qu'il s'agisse du pelage, des oreilles, des yeux, des dents ou des griffes, l'ensemble des gestes d'entretien du Volpino doivent être effectués avec un certain doigté, au risque d'être peu efficaces, mais aussi et surtout de lui faire mal voire le blesser. Il est donc vivement recommandé de les apprendre la première fois auprès d'un toiletteur canin ou d'un vétérinaire. Au passage, sachant que les choses se déroulent d'autant mieux qu'il est habitué tôt à ces différentes manipulations, il n'y a aucune raison d'attendre pour s'y mettre, de sorte que les séances de toilettage soient des moments de complicité partagée plutôt que des corvées auxquelles maître comme chien désirent échapper.

COUT D'UN VOLPINO

Le prix d'un chiot Volpino est en moyenne d'environ 1000 euros, sans grande différence entre les mâles et les femelles.

Au Québec, il faut compter généralement dans les 2000 dollars canadiens.

Quel que soit l'endroit, le prix peut grandement varier selon le prestige de l'élevage ainsi que le pédigrée du chiot. Même au sein d'une portée donnée, des écarts assez conséquents peuvent exister, en fonction des caractéristiques intrinsèques des individus : ceux qui sont les plus proches du standard ont un prix plus élevé.

QUELQUES VOLPINO CÉLÈBRES

Bien qu'il soit relativement méconnu du grand public et peu répandu, plusieurs représentants de la race ont su marquer l'histoire à leur manière :

- Michelangelo di Lodovico Buonarroti Simoni (1475-1564), connu simplement sous le nom de Michelangelo (ou Michel-Ange en français), avait un Volpino qui lui tenait compagnie lorsqu'il peignait. La légende affirme qu'il l'aurait dessiné sur l'une des fresques de la chapelle Sixtine, mais il est difficile d'identifier avec exactitude le petit animal blanc qui apparaît sur cette peinture.

- La reine Victoria d'Angleterre (1819-1901), grande passionnée de chiens, a possédé deux Spitz Italiens, Marco et Gina.

- Plus récemment, des artistes comme Elvis Presley (1935-1977) et Oliver Hardy (1892-1957) ont aussi partagé leur vie avec un Volpino Italiano, bien que de nombreuses personnes considèrent qu'il s'agissait en réalité d'Esquimau Américain.

LE STANDARD DU VOLPINO

STANDARD FCI NUMÉRO :   195

DATE DE PUBLICATION :   15/10/18

ASPECT GENERAL :

Spitz de petite taille ; compact et harmonieux, recouvert d'un poil long et redressé.

PROPORTIONS IMPORTANTES :

La longueur du corps mesurée depuis la pointe de l'épaule jusqu'à la pointe de la fesse est égale à la hauteur au garrot. La hauteur de la poitrine représente un peu moins de la moitié de la hauteur au garrot.

COMPORTEMENT/CARACTERE :

Profondément attaché à son environnement ainsi qu'à ses maîtres. D'un naturel exubérant, vif, jovial et joueur.

TETE :

La tête est de forme pyramidale. Sa longueur atteint presque 4/10 de la hauteur au garrot.

REGION CRANIENNE :

Crâne : Plus long que le museau et de forme légèrement ovoïde, aussi bien dans le sens longitudinal que dans le sens transversal. La largeur bizygomatique représente plus de la moitié de la longueur de la tête. Le sillon médio-frontal est très peu marqué et la protubérance occipitale peu prononcée. Les axes supérieurs du crâne et du chanfrein sont légèrement convergents.

Stop: Bien défini.

Truffe : Large, noire, avec des narines bien ouvertes. Vue de profil, elle se situe dans le prolongement du profil supérieur du chanfrein et ne dépasse pas la ligne antérieure des lèvres.

Museau : Sa longueur est inférieure à celle du crâne. Ses faces latérales sont convergentes, ce qui confère au museau un aspect pointu sans que cela soit excessif. Le chanfrein est rectiligne et son profil inférieur est défini par la mandibule.

Lèvres : Quelque peu épaisses mais parfaitement adaptées. Le bord des lèvres supérieures dessine une ligne droite ; la commissure labiale n'est pas visible ; le bord des lèvres est pigmenté de noir.

Mâchoires/dents : Les mâchoires sont puissantes, les dents blanches et normalement développées. La denture est régulière et complète. Articulé en ciseaux, bien qu'un articulé en pince soit admis.

Joues : Normalement développées, non saillantes.

YEUX :

Grands ouverts, de taille normale et de forme plutôt arrondie, avec une expression inspirant la vigilance et la vivacité. Les deux yeux sont insérés dans un même plan sous-frontal. La paupière épouse parfaitement le globe oculaire, qui n'est pas proéminent. L'iris est marron foncé et les bords des paupières pigmentés de noir.

OREILLES :

De forme triangulaire, dressées, les oreilles sont pourvues d'un cartilage rigide et laissent entrevoir la face interne des lobes quand elles sont vues de face. Elles sont attachées haut et bien rapprochées. La longueur de l'oreille représente environ la moitié de la longueur de la tête.

COU :

Sa longueur est à peu près équivalente à celle de la tête. Le cou doit toujours être porté dressé. Muscles développés, peau bien appliquée aux tissus sous-jacents.

CORPS :

S'inscrit dans un carré. La longueur mesurée depuis la pointe de l'épaule jusqu'à la pointe de la fesse est égale à la hauteur au garrot.

Ligne du dessus : Ligne dorsale rectiligne, puis légèrement convexe au niveau de la région lombaire.

Garrot : Légèrement sorti de la ligne dorsale. S'insère harmonieusement à la base du cou.

Dos : Rectiligne, bien musclé, d'une longueur supérieure à celle du rein.

Rein : Court, large, bien musclé et légèrement arqué.

Croupe : Située dans le prolongement de la ligne du rein, la croupe est plus longue que large. Présente une obliquité de 10° sous l'horizontale entre le coxal et l'attache de la queue. Musculature bien développée.

Poitrine : Descendue jusqu'au niveau des coudes, avec des côtes bien cintrées. La région sternale est longue mais le sternum ne doit pas dépasser la pointe de l'épaule.

Ligne du dessous et ventre : S'élève très légèrement depuis le sternum jusqu'au ventre. Le creux des flancs est peu marqué.

Attachée haut et dans le prolongement de la croupe, la queue doit être portée recourbée au-dessus du dos en toute circonstance et doit se rapprocher le plus possible du cou. Sa longueur représente un peu moins de la moitié de la hauteur au garrot. La queue est grosse à la racine et va en s'amenuisant vers sa pointe. Elle est recouverte d'un poil long et fourni.

Vue d'ensemble : Les membres sont parfaitement d'aplomb et parallèles au plan médian du tronc. La hauteur mesurée au niveau des coudes représente un peu plus de la moitié de la hauteur au garrot.

Epaule : La longueur de l'omoplate vaut un quart de la hauteur au garrot et présente une obliquité de 60° sous l'horizontale. Les muscles sont bien développés ; l'angle scapulo-huméral est de 125°.

Bras : Sa longueur est supérieure à celle de l'omoplate. Présente un angle oblique de 65° sous l'horizontale.

Coude : Parallèle au plan médian du tronc, avec un angle huméroradial de 155°.

Avant-bras : Plus long que le bras, l'avant-bras est fin mais néanmoins doté d'une ossature solide et de muscles secs.

Carpe (poignet) : Fort et presque aussi large que l'avant-bras.

Métacarpe : Presque aussi large que l'avant-bras et légèrement oblique.

Pieds antérieurs : Ovales, avec des doigts bien serrés et arqués et de bons coussinets pigmentés de noir. Les ongles sont, eux aussi, noirs de préférence.

MEMBRES POSTERIEURS :

Vue d'ensemble : Vus de derrière, les membres postérieurs doivent dessiner une ligne verticale parfaite allant de la pointe de la fesse jusqu'au sol. Ils sont parallèles entre eux.

Cuisse : Sa longueur représente un tiers de la hauteur au garrot. Elle est large et bien musclée. Son obliquité sous l'horizontale est de 60°, avec un angle coxo-fémoral de 90°.

Grasset (genou) : Parallèle au plan médian du tronc, avec un angle fémoro-tibial de 115° à 120°.

Jambe : Un peu moins longue que la cuisse. L'ossature est légère mais non moins solide ; la musculature est bien développée. La jambe présente un angle oblique de 55° à 60° sous l'horizontale.

Jarret : Fort sans être épais, avec un angle tibio-tarsien de 145° à 150°.

Métatarse : Vertical et parfaitement d'aplomb, qu'il soit observé de profil ou de derrière. Suffisamment épais. La longueur mesurée depuis la pointe du jarret jusqu'au sol représente un peu plus du quart de la hauteur au garrot.

Pieds postérieurs : Ovales, avec des doigts bien serrés et arqués et de bons coussinets pigmentés de noir. Les ongles sont, eux aussi, noirs de préférence.

ALLURES :

Le trot est normal et ne doit pas être sautillant.
Le galop se veut plus endurant que rapide. Au
pas, les foulées sont modérément amples.

PEAU :

La peau est tendue et bien appliquée au corps,
sans jamais être flasque.

ROBE

Qualité du poil :

Le poil est dense, très long et incroyablement
raide et dressé. Le poil de couverture, dru et
hérissé, est rêche au toucher ; il ne doit jamais
s'aplatir mais être au contraire toujours dressé,
même lorsque le poil est peu abondant. Le corps
tout entier semble être enveloppé d'un manchon,
en particulier le cou, autour duquel l'épais

manteau de poil forme un collier (mais pas une crinière). Le crâne est recouvert de poils mi longs sous lesquels disparaît la base des oreilles. Les poils se font plus courts au niveau du museau. Sur les oreilles, ils sont particulièrement fins et ras. La queue est recouverte d'un poil très long. Au niveau de la face postérieure de l'arrière-train, le poil forme une culotte.

Couleur du poil :

Blanc unicolore ou rouge unicolore. Les robes champagne sont admises mais non souhaitables. Le blanc doit être bien clair, avec des nuances lait plus foncées en profondeur. On admet des nuances biscuit pâles sur les oreilles, bien qu'il s'agisse d'un défaut. Les sujets à robe rouge doivent être d'une nuance rouge cerf intense, bien que des nuances plus claires soient admises au niveau de la queue et de la culotte. On admet un peu de blanc sur les pieds, ainsi que des teintes charbonnées à peine foncées au niveau du collier et des épaules.

Tout écart par rapport à ce qui précède doit être considéré comme un défaut qui sera pénalisé en fonction de sa gravité et de ses conséquences sur la santé et le bien-être du chien.

- Crâne trop long ou trop étroit.

- Chanfrein trop long.

- Truffe de couleur claire.

- Articulé en ciseaux inversés.

- Yeux clairs.

- Oreilles trop petites.

- Constitution lourde et grossière.

• Corps légèrement oblong ne s'inscrivant pas dans un carré.

• Poil manquant de volume.

• Crinière au lieu du collier de poil.

• Poil de couverture aplati.

• Sujet dont la taille dépasse de 2 cm ou plus les limites prévues par le standard.

DEFAUTS GRAVES :

• Tête en forme de pomme.

• Yeux proéminents ou ovales.

• Stop peu accusé.

• Museau pincé.

• Absence de 2 dents ou plus (à l'exception des PM1 et M3).

• Prognathisme inférieur.

• Tronc rectangulaire.

• Queue rentrée entre les membres postérieurs.

• Absence de sous-poil

• Poil de couverture laineux.

• Pieds blancs chez les sujets à robe rouge.

• Robe rouge fortement charbonnée.

• Chien agressif ou peureux.

• Tout chien présentant de façon évidente des anomalies d'ordre physique ou comportemental.

• Absence de type.

• Nez busqué.

• Prognathisme supérieur.

• Dépigmentation totale de la truffe ou du pourtour de l'œil.

• Œil vairon.

• Oreilles franchement tombantes.

• Anourie ou brachyourie, tant congénitale qu'artificielle.

• Toute couleur autre que le blanc, le rouge ou la teinte champagne non souhaitable.

• Marques rouges chez les sujets à robe blanc unicolore, marques blanches ou noires chez les sujets à robe rouge unicolore.

N.B. :

• Les mâles doivent avoir deux testicules d'aspect normal complètement descendus dans le scrotum.

• Seuls les chiens sains et capables d'accomplir les fonctions pour lesquelles ils ont été sélectionnés, et dont la morphologie est de la race, peuvent être utilisés pour la reproduction.

* 9 7 9 8 7 3 5 8 4 7 7 7 9 *